Das Buch für Lesefaule

gehört:

____

Viel Vergnügen mit deinem Buch für Lesefaule.

Herstellung und Verlag:
BoD - Books on Demand, Norderstedt
ISBN 978-3-7412-8262-1